수평선 뒤로 손을 넣다

수평선 뒤로 손을 넣다

김경원 제2시집

| 축시 |

푸르구나 시인의 바다
- 시집 〈수평선 뒤로 손을 넣다〉

천년의 동해에 붉은 해 솟아오르고
아름다운 이 산하에 瑞雲이 감돌더니
자연의 아름다움과 삶을 그리셨네요

시는 영혼의 선율이며 희망의 수채화 빛
봄 가을 겸손한 인성으로 행복을 가꾸어
여름 겨울 따스한 마음으로 이루신 문학탑

순수 서정, 수려한 붓끝의 포근한 영혼
우제 시인의 새빛은 현대 한국시여라
내일 날 넓고 청정한 문학의 바다여라

지성, 감성, 의지를 아우르는 知情意 시인님
고결한 정신 드넓은 마음으로 푸른 바다
무념무상 정교하게 빛나는 예술 시세계는
미래로! 세계로! 영원히 찬란히 빛나십시오.

이은별 poet

푸른문학·푸른문학신문 대표
푸른문학사 대표, 시인, 수필가
명예문학박사, 국제펜한국본부 이사
사) 한국문인협회 26대 이사

| 자서 |

시집을 엮으며

이 맛이 있기에

나 여기까지 살아와서

시간에도 맛이 있음을 아노라!

– 술시 중에서

주로 술시에 수평선 뒤로 손을 넣고
뜨기 전 해와 지고 난 해를 만져보며 적은,
술에 찌들고 묵은 시입니다.

다소 과격하고 촌스럽지만 내 안에 살고있는 또 하나의 나,
별청소부의 모습이기에 부끄럽지만 2집을 짓습니다.

2집 짓기에 힘이 되어 주신, 이은별 대표님을 비롯한
푸른문학 가족분들께 감사드립니다.

가슴에 별을 품은 사람들이여!
내내 평안하시고 또 뵙겠습니다.

별청소부 김 경 원

1부 콩콩

-
-

사색의 본향 · 14
사랑의 길 · 15
해담 · 16
선물 · 18
한강 · 19
똥딴지 · 20
별사랑 · 21
한 장의 밥 · 22
함박눈 · 23

벽 · 24
언덕 · 26
참연의 꿈(드론) · 28
야망夜望의 박쥐 · 30
바다 · 32
소걸음 · 33
발자국 · 34
물이 함박웃음을 웃다 · 35

2부 별이 재채기를 하면

-
-

겨울 편지 · 38
삶의 맛 · 40
지구가 도는 소리 · 42
서울역에서 · 43
거울 앞에서 · 44
행복의 샘 · 45
자전거를 타고
　수평선을 달려 봤니? · 46
옹이 · 48

유혹 · 49
메아리 · 50
석쇠 선생 · 52
가을 허공 · 53
한 바퀴(하루) · 54
노을 · 56
바람을 읽다 · 57
고백 · 58
장군의 유산 · 59

3부 밤 하늘이 한 번 들썩

자전거 · 62
진실의 값 · 63
강가에서 · 64
새 날 · 65
가을길 · 66
친구 · 67
우주는 흐름 · 68
쉰 막걸리 · 70
가을 여행 · 72

글의 주소 · 73
손 조심 · 74
윤슬 · 76
동반자 · 77
사색 · 78
아내에게 · 80
열정 후에 · 81
부부의 삶 · 82

4부 별에 먼지가 쌓였나 보다

참 맛남을 만남 · 86
고향 · 87
가슴의 강으로 가는 배 · 88
들꽃의 향기 · 89
노을 녘 · 90
땅의 진리 · 91
노을과 순대국 · 92
자화상 · 94
침묵의 이유 · 95

부부의 자리 · 96
우주는 흐름 · 98
안이나 밖이나 위풍당당 · 100
바라건대 · 101
고향 마늘 · 102
장수만세長壽晩歲 · 103
바람의 질주 · 104
밤꽃 · 106

5부 별청소하러 가야겠다

안녕하셨어요? · 110
저축 · 111
주목 · 112
술시 · 113
낡은 시간 · 114
별과 그대의 거리 · 116
균형 · 117
애로 · 118

첫눈 · 120
오월 · 121
이심전심 회귀본능 · 122
잔소리나 · 124
이정표의 기록을 열람하다 · 126
시심 · 127
안양천 · 128
타종 · 130

6부 쿵쿵

가발의 진실 · 134
밤하늘 · 135
수감생활 · 136
동해햇집 · 137
고요한 밤 거룩한 우정 · 138
삶의 미세학설 · 140
채널 · 142
품위는 길바닥에 있다 · 143
시간의 처소 · 144

밥그릇 · 146
다람쥐와 고슴도치섬(위도) · 148
그리운 하늘 · 150
낙관과 비관 · 152
남해 기행 · 154
회귀回貴 · 156
효자 · 157

김경원 제2시집

수평선 뒤로
손을 넣다

1부
콩콩

울울창창! 그 푸르던 청춘을
다 드리고 가는 낙엽의 사색

사색의 본향

새를 반기던 손짓도
바람을 부르던 율동도
그늘멍석 한자리 누림도

시린 강을 건너갈
발길 앞에 다 깔아주고

읽은 한 세상의 풍파를 업고서도
탓 한 점 미련 없이 내려서는 잎

자식들이 주고 간 양분으로
한겨울이 참 따뜻하겠다 나목은

내가 내 부모에게 아무것도 드리지 못한 죄를
네가 대신 씻어 주렴! 부디…

울울창창! 그 푸르던 청춘을
다 드리고 가는 낙엽의 사색.

* 잎은 봄부터 여름까지 축적한 양분을 추운 겨울을 날,
 나무에게 다 줘버리고 그 생명인 엽록소를 잃고 단풍을 이룬다고 함.

사랑의 길

간섭의 관심인가
관심의 간섭인가?
그대의 사랑은

사는 동안
관심이 간섭이 되는 사랑은
서로 다른 문으로 내리고

간섭이 관심이 되는 사랑은
함께 나란히 내리게 되리
종착역에서

맞잡은 깍지 손으로 믿음을 이룰 때
진정 아름다운 사랑일레라
사랑의 마지막 길에서

그대에게 이르노니
간섭으로 관심을 뜻하지 않고
관심으로 간섭을 범하지 않기를

둘이 함께 사랑을 쓰기 시작한 후에…

해담

그가 오셨어요
가슴에 해를 담고 오셨어요

담은 해가 너무 뜨거워서
지구별 중에 가장 맑은 흰샘,
그 맑은 물에 흐르고 또 흘러서
선한 마음으로 오셨어요

가슴에 해를 담은 사람
그 가슴으로 세상을 따뜻이 품을 사람
어두운 밤하늘에 그 가슴을 열면
밤새도록 별들이 소곤거리고
평온한 달이 하늘을 반 바퀴나 돌아요

부드러운 바람이 지구별을 쓰다듬으면
그 고운 결에 나뭇잎이 춤을 추고
잔잔한 파도 위를 굴러가는 달이
눈부시게 쏟아진 별들을 밟지 않으려고
함부로 그 빛에 날을 세우지 않아요.

그렇게 그가 오셨어요
참 사람이 오셨어요
해를 품고 오셨어요
세상을 다시 맑히고 밝힐 뜨거운 가슴으로…

* 해담: 가슴에 해를 담은 사람
　　　최유선과 김흰샘이 사랑으로 이 세상에 모신 귀한 사람
　　　늘 세상 모퉁이만 서성이다가
　　　그 외진 세상에서 큰 선물을 받았습니다
　　　외할아버지가 되었습니다.

선물

참 오랜 시간이 흐르는 동안
단단해진 이빨로
타향의 낯선 풀을 뜯거나
사료로 배를 채우다가
그 옛 어린 날에
엄마 품안에서 물어뜯던
풀 맛을 보고 있다네
참 오랜 시간이 흐르는 동안
다시 물렁해진 이빨로
엄마 젖을 깨물듯
고향의 기억을 뜯고 있다네
지천명의 어느 가을날에
초식 동물들이 함께 떠난 소풍길에서
어깨춤이 절로 난다네
언제부턴가 하나씩 둘씩
엄마 젖을 찾아 모여들더니
비로소 다 알게 된다네
초식 동물들은 애초부터
엄마 품 안에서 주고받은
서로 선물이었다는 것을!

한강

젊어서 노동으로 골병든 무릎을 두 바퀴에 싣고
먼 산은 그저 풍경으로 두고
자유롭게 꺾은 모퉁이
아! 이 보다 더 좋은 쉼터가 어디 있으리!

수평으로 달려가서
수평의 물을 만나고
수평에 닿은 하늘을 보고
수평으로 돌아올 수 있는!

오를 목표도
내릴 짐도
짊어질 필요가 없는
잔잔한 물결과 바람이 일렁이는 쉼.

뚱딴지

시간 많은 사람? 마스크 개발해 봐.
바이러스와 인류의 전쟁은 영원히 더 극성일 테고…
현재의 일회용은 자원 낭비에 수급의 한계가 있으니까
플라스틱 같은 반영구 물질로 마스크를 만들고
그 안에 필터를 교환하는 방식
긍까, 겉 케이스는 숨구멍 하나 만들고
안에 간단한 필터를 교환하는 장치를 두는 방식
그러면 겉 케이스는 물로 씻으면
반영구적으로 사용 가능하고
필터 역시 저렴한 원자재를 사용하면
현재의 일회용 방식보다 더 완벽하게 침방울도 차단되고
마스크 대란으로 시끄러울 일도 없고
어뗘? 해볼텨?
개발할 마스크 업그레이드해 볼까?
인간 세상이 천태만상이듯
디자인을 천태만상으로 제작 가능.
긍까, 고양이얼굴, 사자얼굴, 참새얼굴, 장미얼굴,
하늘얼굴, 바다얼굴, 단풍얼굴 등등 무궁무진.
거따가 재질 또한 플라스틱, 양철, 스텐, 구리, 은, 황금,
다이아몬드, 진주, 보석… 등으로 천차만별이고
울 나라 전통 각시탈, 신랑탈, 하회탈,
탈탈탈 털어서 특수제작도 가능!

별사랑

너는
별가슴을 달래느라
콩콩콩콩…

나는
별뜀박을 뛰느라고
쿵쿵쿵쿵…

한 장의 밥

종이 한 장마다 한 그루의 삶이었지
도대체 몇 바람을 견뎌낸 뒤에
바람이 스친 두께 사이를 날아서
생각의 깊은 경지에 차곡차곡 쌓였을까

김 한 장마다 한마당의 삶이었지
도대체 몇 파도를 견뎌낸 뒤에
모래가 깎은 두께 사이를 넘어서
식탁의 높은 경지에 차곡차곡 쌓였을까

나무 한 장
바다 한 장
켜켜이 쌓인 밥 한 장에
겨울밤은 깊이깊이 살이 찌는데…

함박눈

꼭 이루고 싶은 것 하나
다 잃을지라도 꼭 지키고픈

처음으로 흐르기 시작한 가슴
기죽은 아이가 방황의 끝에서

어른이 되어서야 꾼
죽는 날까지 꾸고픈

첫 마음이 잉태한 최초의 꿈
가정의 평화!

벽

귀뚜라미가 울음을 그치면
그때부터 그 벽에 숨어서
내가 울기 시작하지

기대어 먹던 오매젖은 벽이 아니었어
오매젖을 뗀은 다음에서야
모든 길이 벽이었어

세상의 벽을
오매인 양 기대어 빨아 먹으라고
오매는 젖을 가슴벽에 두었던 거야

오매…
오매~오매~ 울 오매~ 젖 좀 주소~
벽마다 젖 좀 붙여놓고 가지~
왜 그냥 그렇게 무정한 세월로 갔소~

남은 세월의 벽에
귀뚜라미가 또 숨어서 울면
그땐 내가 울라오

젖 더 달라고
귀뚜라미보다 더
서럽게 서럽게 내가 울라오

세상의 벽 안에 젖을 숨겨놓고
벽 밖에 두고 간 내 울음소리를
하늘벽에 기대어 잘 듣고 계시오?

내 일생의 젖이 되는
숨겨두고 간 당신의 가슴은
모든 길에서 만나는 벽!

언덕

언덕 밑에 집 한 채
울 오매 아버지가 일생을 담았던

물이 하늘여행을 마치고
땅에 당도하니 갈 곳이 없더라!
오호라! 저기 나지막이 툭 주저앉은
사람의 집으로 가야겠네
주절주절 졸졸졸!

와~ 좋다!
사람의 마당에 당도하면 가장 먼저 하고팠던
물풍선을 맘껏 불어보고
황금들녘 한 폭의 꿈, 처마 끝에서
미끄럼을 타보자! 사람의 꿈처럼.

주루룩 뽕~
주루룩 뽕~
참 재밌는데…
바람은 그냥 지나갔을까?

아니다!
바람은 거기 잠시
더 큰 바람을 도모하고 갔으리라
저 언덕 너머로…

그 바람을 제때 읽지 못한 사람
나 하나 여태 주저앉아 있네
기댈 사람 하나 없는
그 언덕 밑에…

참연의 꿈(드론)

가진 것이라곤 실오라기 한 올 뿐인데
맹랑한 꿈 하나만 갖고서
하늘 높은 줄 모르고 날아올랐다가
툭~ 목숨이 끊어졌을까!
전깃줄을 잡으려다 전홧줄을 잡았을까!
줄 한 줄에 의지하여 총총히 걸어 들어간
외딴집의 안부를 마지막으로 밝혀보고 싶었을까!
맹랑의 꿈이 끊긴 실오라기 목숨줄로
휘리릭~ 전선을 휘감고서
널브러진 바람을 다시 불러 줄 한 줄 없이
저 하늘 한가운데에 버젓이 떠있는 별의 안부를
남은 생기로 묵묵히 들었던 걸까!
집요의 땅에 자리잡은 팽이마냥
꼬랑지도 없이, 기댈 벽 하나 없이
허공에 우뚝 자리를 잡는
참, 연을 잘 만들던 울 성이 말여
전화가 줄을 끊어버리는 비결을
휘리릭~ 목숨줄로 감은
별에게서 들었던 안부를
인자서야 깨달았는지 말여

아! 글씨 말여
참연의 실을 끊어버리고
환갑 마당에 서서 말여
새칠로 연을 날린당게
줄도 없는 전화를 들고 말여
얼레로, 이리저리~ 착착~ 기웃기웃~ 휘리릭~
땅에서 팽이 치듯이 말여
실오라기 한 올도 없는 참연을 날린당게~

실도 없는 참연을 말여
참, 연을 잘 만들던 울 성이 말여
맹랑한 꿈을 날린당게!
새칠로 말여
아, 근디 말여
내 생각에는 말여
미국말로 말여
드림이랑 드론이랑 사촌지간인가벼
둘 다 날개를 달고 말여
멀리 날아가는 걸 보면 말여
안긍가?

야망夜望의 박쥐

나는 빛이 싫어!
내가 바라는 건 단 하나,
빛을 보는 것!

빛을 보고싶어
빛을 보고싶어
빛을 보고싶어

내 어둠의 핵으로
밝은 너희들의 세상을
언젠가는 기필코 어둡게 하리라

빛의 틈새마다 내 영역
빛이 아무리 밝아도
내 어둠의 영역은 교묘히 존재하리

너희가 빛으로 커다란
섬광의 찰나를 이루는 동안
나는 작고 은밀한 어둠의 핵을 가졌지

빛 아래서 빛나던 생명체가
모두 사라지는 날에
나는 어둠의 빛을 밝히리라

그날까지 거꾸로 서서 견디리라
너희가 우러르는 하늘에 땅을 깔고
그 땅을 딛고 서 있으리라

빛이 사라지고
천지가 어둠으로 밝은 날에
내 활개가 온 천하에 창궐할 꿈으로…

바다

받는 사랑은
팬이 업어 주다가
내려 놓은 스타의 가슴

주는 사랑은
스타를 업어 주다가
내려 놓은 팬의 가슴

모든 가슴에는 바다가 있다
썰물 또는 밀물의…

소걸음

〈해 질 녘 소의 눈에는 아늑한 노을이 담긴다〉
산다는 건 다름아닌 먹고 사는 일!

해거름 양분으로 키가 자라는 그림자의 속도로
여물을 천천히 삼켜놓고
밤새도록 되새겨 그 맛을 음미하는
느릿느릿 소걸음을 따라서
느릿느릿 잠을 먹고
느릿느릿 사랑을 먹는 사람은

지혜로운 시간 여행자로서
밥, 잠, 사랑의 포만을 이루고
그 세 가지 맛의 절정에 닿으리
행복은 덤이 아닌 전체였고
눈과 마음에 담기는 풍경과 여유가
영혼을 맑히는 선물, 덤이었음을

지그시 바라볼 수 있으리
해 질 녘 소를 따라 걷는
그 길 끝에서!

발자국

난 늘 본다네, 내 웅덩이를
가다가 잠시 뒤돌아서면 보이는
내 웅덩이를
사람마다 걷는 그 길에
각인된 웅덩이를

그렇게 남기시는가?
난 이렇게 남긴다네, 웅덩이를
오늘은 다른 날보다
술 한 잔 더 고인 웅덩이라네

뒤돌아서 본, 오늘도 내 웅덩이는
다름아닌 내 스승이었네!
내 마지막 웅덩이를
나는 볼 수 없을 걸세

"부디 잘 읽어 주시게!"
그 바람으로 남은 웅덩이를 향해서
마저 걸어간다네
더 낮고 고요한 곳으로…

물이 함박웃음을 웃다

하늘이 금방이라도
울음보를 터뜨릴 것 같은 날엔

눈을 질끈 감아서 물은 꾹 짜내고
보송보송 다정한 눈웃음만 날리시면

당신께서 그리하시면
음… 아마도

비 대신 새하얀 눈이
펑펑 내릴거예요.

2부
별이 재채기를 하면

물 한 잔, 소금 몇 술이면
맛난 삶 아니겠는가?

겨울 편지

내가 부를 이름은 그대!

다가올 상실의 시대를 견디기엔
긴 낮볕도 턱없이 모자랐겠지
어둠의 틈새마다 총총히
뜨거운 사막의 별별조차 다 부른 것은

그러니까, 해는
밤하늘의 별 하나하나마다
붉은 심장을 태우고 또 태워서
가으내 색동바람 옷을 지어 입혔음에도

온종일 휑한 하늘 바닥을 배회하다가
기억난 듯, 또 온종일
마른 낙엽의 품을 알몸으로 헤집다가

대지의 열기로 발갛게 타는 노을 녘에
비로소 평안히 드러눕는 저를 그냥 보고 있었겠지!

'기울어진 어깨에 넌짓 닿은
엄마의 품이었겠지!'
해는 또 시간을 호호 불어서
강물이 얼지 않으려고 뒤채는 소리를
시린 귀에 그저 담고 있었겠지!

오! 그대시여
동토…
나는 잠시 여기 있겠소

그런 다음에
언 시간을 주머니에 담고 부르겠소
내가 부를 영원한 이름!
오! 그대시여! 라고…

삶의 맛

혹여 그대의 맛이 싱거울지라도
알맞은 소금으로 김치를 담가라

혹여 그대의 맛이 연할지라도
알맞은 고추장으로 김치를 담가라

혹여 그대의 맛이 달콤할지라도
알맞은 인내로 김치를 담가라

혹여 그대의 맛이 차가울지라도
알맞은 온도로 김치를 담가라

혹여 그대가 너무 부족할지라도
이웃과 나눌 정으로 김치를 담가라

싱거운 맛을 위한 물 한 잔 옆에 두고
그대는 씻어 먹으면 되고

짠맛을 위한 소금 몇 술 옆에 두고
그대의 그대는 더 넣어 먹으면 될테니

알맞게 담근 김치는 이미
그 안에 충분히 모든 맛이 베었음이라

삶의 모든 감성으로 담근 맛이
다 함께 즐기는 맛일 테니

싱겁거나 짠 그대의 맛대로
김치를 담그지 말아라. 부디…

물 한 잔, 소금 몇 술이면
맛난 삶 아니겠는가?

지구가 도는 소리

지구가 자전하는 소리를 들어 보셨는가?

하루 한바퀴 빙~ 돈다는 것은
하루 온종일 모든

낮엔 해로
밤엔 달로
어둠엔 별로
모호한 곳엔 안개로
말라버린 곳엔 비로
겹겹 장막은 바람으로
그러다가
단순무모로 왜곡된 성공의 피뢰침에 가하는
일침은 뇌성으로

지구가 도는 소리를 들어 보셨는가?
다 품에 안고 소리없이 도는
그 소리의 지경!

서울역에서

나는 서부의 사나이도 아닌데
서부역에서 서울역을 찾아 헤맸네
바로 뒤편의 삶에서
나는 착각을 옳다고 믿고 살았네
나는 왜 웅장한
그 옛날의 대우빌딩이 보이지 않느냐고 탓을 했네

나는 드디어
내 스스로
서부역에 발을 딛고서야
내 편견을 인정했네
서울역에 그 반대편
서부역이 있었다는 것을…

어느 대부분의 사람들은
서부역도 서울역으로
이미 알고 있었다는 것을
이제서야 나는 알았네!
내가 스스로
서울역이 되어 보고서야…

거울 앞에서

싸우지 말자
서로 싸움꺼리를 만들지 않으려고 노력하자
설령 실수로 싸우더라도 상대방의 마음을 헤아리며
상처가 되는 말을 하지 말자
밖이 아무리 찬란하고 요란해도
안이 썩는 과일은
아무짝에도 쓸모없는 모래성과 같은 것

가족 간에 서로 소중함을 망각하고 무모한 꿈을 꾸는 사람은
밖에서도 그런 환경을 이루게 되며
자신도 모르는 사이에
감춰둔 불행한 자신의 모습이
어떤 경로로든 다 드러나기 마련

안을 팽개치고 밖에서 행복을 찾는 자는
자신의 어리석음에 언젠가는 반드시
회한의 눈물로
땅을 치며 통곡을 이루게 된다는 것을 명심하자
밖에서 유쾌히 즐거운 사람마다 그 즐거움의 끝에서 결국엔
가정 안에 간직해 둔 소중한 안식과 평화를 누릴 때
비로소 행복을 느낀다는 것을 감사히 새기도록 하자.

행복의 샘

안에서 새는 행복은
잠시 스쳐가는 바람같은
밖에서도 결코 고이지 않는
빈 우물!

우주의 모든 섭리가 서로 맞물려 작용을 이루듯이
모든 사람들은 관계로 이어져 있기 때문에
안의 행복을 외면하고 밖에서 찾는 행복은
머잖아 그 관계로 인해서
자신 안의 불행을 그대로 토해놓는다는 걸 명심하자

안에서 행복한 사람이
비로소 밖에서도 온전한 행복을 누린다는 것을
새겨둔 거울 앞에서 환한 미소로 자신에게 인사하자
매일 매일…

자전거를 타고 수평선을 달려 봤니?

난 도대체 이해가 안돼!
왜 사람들은 몇 명만 잔차를 타는지

너도 나도 다 잔차를 타면 굳이 비싼 차 안 굴려도 될텐데
맬맬 일상이 하체 단련이고 전신 운동일텐데
왜 사람들은 건강을 추구하고
웰빙을 굳이 쎄빠지게 돈을 벌어서
그 돈을 들여서만 이루려고 하는지!

걍, 늘, 맬맬

잔차타고 댕기면
지구 환경에 유익한 최적합 점수를 맞고
인간의 신체 리듬에 최적합 화음을 이룰텐데
왜 굳이 땀 뻘뻘 갖다 바치고
왜 굳이 억지로 날 잡아서 보상 받는다고 하는지

걍, 늘, 맬맬

우리 일상이 잔차타고
강이 물을 흘려보내듯

별이 시간을 내버려 두듯
그렇게 흘러 가면 될 것을…

넌 흐르고 있니?
아님, 걷거나 달리거나
그 보다 더, 날개를 단 용을 쓰니?

잔차 타자!
고지는 그만 접고 수평에서 이루자!
그만 내려가야 할 세상에서
우리 절대로 수평 아래로
내려가진 말고 수평을 이루자!

수평이 모든 삶의 답.

옹이

시간이 흐르면 흐를수록
단단한 생각이 자랍니다

머리에서 가슴까지 흐르던
시냇물이 마르고

수평을 잃은 돌의 버르장머리가
그 속을 꽉 채웁니다

부드러운 열매가 될 수 없는
단단한 생각으로 꽉 찬 나는

우주의 흐름을 옹골차게 가두는
생각 깊은 인간일 뿐입니다

겨우!

유혹

자전거로 연어의 길을 따라
한강을 거슬러 오르다가
팔당댐을 넘기 전에 어둠에 쫓겨
가쁜 가을 길을 되돌려 여미는 중에

한 개피 남은 담배를 다시 채우려고
환히 불 밝힌 편의점에 들렀는데
커피향이 어찌나 향긋하던지
"커피향이 좋은데요?"

따뜻한 커피와 자욱한 연기는
무생에서 유생을 갈망하는 저 달이
시샘으로 휘영청 밝혀 당기는
한 뼘 더 짧아질 내 삶의 끈

삶은, 영원한 어둠에 쫓기며 맛보는
단 한 번의 유혹
달의 시샘 끝에서
단 한 번 부서지고 나면
다시는 볼 수 없는 맛!

메아리

산 좋고 물 맑은 사람의 마을에서
실제로 살던 메아리 소리를
들은 적 있는가!

언제부턴가
목이 터져라 외쳐도
내가 내게 하는 소리

결국 또 살아 보겠다고
내가 나를 맑히는 소리

텅 비운 사람의 가슴마다
여전히 살고 있을 메아리

에코를 노래하는 가수조차
틀어막은 자신에게서 듣는 소리

누군가가 노래할 때
나는 그때마다
그의 메아리가 되는 꿈을

다시, 또 다시, 한 번 또 다시,
한 번만 또 다시…

온 세상에 외치는 그대의 꿈을 위해서
마지막으로 한 번 더!

사랑해
사.랑.해.
사..랑..해..
사...랑...해...
사....랑....해....
사.....랑.....해.....
......

* 사람을 따라 사는 메아리는 사람이 이주한 사이버 세상에서
  여전히 따라 살고 있습니다.

석쇠 선생

물 좋은 도청 마을에 석쇠 선생이 살고 있었나니
그는 일단 배낭을 짊어지면
석쇠와 삼겹살을 담고
한 친구와 만나든 온 친구와 만나든
선생이 되기를 자처했다네

그 뿌리가 돌인지 저녁 노을인지는 모르겠으나, 암튼
비록 작지만 숙련된 山海의 내공으로
친구들의 지평에 큰 불을 지핀다네
항상 누리는 고마움에
그런 그를 읊고 싶어졌다네^^

[석이는 너무 많이 쐈어
오죽하면 얼이가 석쇠 선생이라고 했을까^^
돈으로 한 방 폼나게 쏘는 건 누구라도 돈 쫌 모아서 할 수 있는데, 시시때때마다 그 정성을 쏘는 건 아무나 못해!
그런고로 계속 쏴 ㅎㅎㅎㅎ]
뉵 한 방 쏠 사람? 석쇠 선생처럼!
단풍든 가을녘에서 석쇠에 노릇노릇 굽는 삼겹살.

*얼이는 도청 친구들이 수일이를 부르는 수얼이의 얼이라네^^

가을 허공

잎이
갈망하던 땅을 향해 퍼덕일 때 눈에 담고

물고기가
보고팠던 하늘로 튀어 올랐을 때 어심에 담고

억새가
꿈꾸던 날개로 구름밭을 일굴 때 바람에 담고

네게 쓴 편지가
접어둔 그리움으로 부쳐질 때 먼 하늘가에 담고
．
．
．
텅 비었던 마음이,
한가을이 될 때까지 그냥 거기 두어 두고…

한 바퀴(하루)

새벽 3시에 일어나서
다섯 시부터 8시간 일하고

자전거에 블루투스 음악을 싣고
배낭에 막걸리와 오징어를 담고 한강을 달리다가

한 번도 가본 적 없는 외딴 길로 들어섰더니
거기 가을이 고요히 결대로 흐르고 있더라

일해서 돈도 벌고
담배도 한 갑이나 피우고
막걸리도 두 병이나 마시고
물 색깔이 푸르러서 하얀 이끼가 낀 하늘도 보고
오시는 바람마다 고갯짓으로
갈 길을 일러주는 억새도 보고
덩달아 신바람 난 물결이 추는 춤도 보고
적요의 굴뚝보다 더 생각 깊은
외다리로 서 있는 물새도 보고
풍경이 누리는 시간을 찰칵 정지시켜 카메라에 담고

술 익는 마을에서 피어나는 노을도 보고
다리가 먼저 첨벙대는 사이에
잽싸게 젖지 않고 지나가는 기차도 보고
어디 보자! 시간이 어디까지 흘러갔는지…

저녁 7시 40분!
하루가 꽤나 오래 흘렀네

블루투스 음악을 그만 끄고
내 눈과 귀와 생각도 끄고
시간이 쉬어야 될 시간

이제 그만 집에 가자!
잘 살았으니…

노을

술은 시다

술이 끊어질 때
시도 끊어지리라

술 없이
시가 산다면
그 건
시가 아니다

술시
노을 녘에 고인 시를

술잔에 받아 모시는
時(때)
詩(글귀)
始(비로소)

어서 오시게!
잘 익은 하루 한 잔 드시게!

바람을 읽다

영혼을 흔들어라!

흔들릴 때
이루어진다

네 목숨 값이다
사랑은…

고백

나는 늘
나한테 화가 났다

나는 늘
나를 다그쳤다

나는 늘
된 내가 아닌
되고 싶은 나를 썼다

나는 늘
미완성이었고
그것이 내 시가 되었다.

장군의 유산

내 조국은
상처 하나만 끝까지 물고 늘어지는
비굴함과는 차원이 달라

남의 땅을 함부로 짓밟고도
당위성을 주장하는
저 파렴치한들과는 달라

다만, 내 조국은
저들이 두렵지 않은 내 조국은,
내 작은 가족의 슬픔을 달래려고

단지 그것 때문에 두려워할 뿐
내 조국은 이순신의 조국이기에
스스로 거두는 그 목숨값의 의미를

난 알아! 진정…

3부
밤 하늘이 한 번 들썩

스스로 진실한 마음만이
외골짜기 왜곡 속에서도
진실을 읽을 줄 안다

자전거

자고 일어나면 뒤처질 수밖에 없는
현세에서 받은

내 맘대로
바람을 가르고
구름을 쫓고
자유로운 핸들을 꺾고
상상의 날개를 펼치는

내 생애 가장 고귀한 선물

진실의 값

스스로 진실한 마음만이
외골짜기 왜곡 속에서도
진실을 읽을 줄 안다

거짓된 마음은
훗날 드러난 진실조차도
자신의 이익을 위해서만 활용한다

그 값을 모르는 거짓의 슬픔.

강가에서

시간이 흐르면 흐를수록
더 맑아지는 생각 하나!

눈이 안 보였더라면
귀가 안 들렸더라면
뇌가 안 익었더라면
참 좋았겠다

그렇지만
말은 할 줄 알았으면 좋았겠다
널 사랑한다는 말은
꼭 해야 되니까

가질 편견 하나 없는
티 없이 어두운 세상
그랬으면 참 좋았겠다
이만큼 살아 본 나는!

새 날

오늘은 늘 새 날
매일 새로 태어나는 새 날

오늘 또 태어난 나는 아까보다 새로운 사람
나는 늘 새롭기만 하다

내 눈에 담고 가슴에 담은 너 또한 늘 새롭다
그리우면 그리운 대로
잊혀지면 잊혀지는 대로

새로 태어나는 오늘은
기억도 꿈도 다 새로운 것이 된다.

가을길

쓸쓸해서 좋다
저만치 떨어져 앉은
가을 이 길이 아니면 어디서
후벼파는 쓸쓸한 가슴을 만나리

하늘이 온통 파란 것은
가슴에 담긴 물 색깔 때문이리라
눈에서 터질 것 같은 가슴의 물을
미리 담았기 때문이리라

하늘에 다 맡겨 놓고
빈 가슴 한켠을 채우는
청아한 눈길 위의
가을, 그리고 쓸쓸!

친구

친구 같은 꽃을 만나서
그 아름다움에 찬사를 보내고
그 지는 모습에 감사를 간직합니다

친구 같은 저울을 만나서
이쪽저쪽 삶의 무게를 다 누려보고
기우는 저울만큼 나도 기웁니다

친구 같은 산을 만나서 나 또한 산이 됩니다
누구나 산에 들면, 그는 이미 산입니다
멀리서 산을 보면

친구 같은 땅을 만나서 모든 감정을 느끼며 삽니다
비바람과 눈보라도 있지만
땅은 친구처럼 내 곁에서 늘 한결같습니다

그저 가만히 내 곁에 머물기만 해도
그는 이미 내 소중한 친구입니다.

우주는 흐름

그저,
뛰는 것은 발이 아니다
구르는 것은 바퀴가 아니다
나는 것은 날개가 아니다

그저,
뛰기만
구르기만
날기만 하는 것은 인생이 아니다

땅에서도
하늘에서도
배가 저어가는 물의 흐름을 배울 때

비로소
함께 흐르는
발이 되고
바퀴가 되고
날개가 되는 것이다

우주는 흐름

네 머리의 속도를
저 흐르는 물에 맞춰라
네 몸에 고인 물이 웅덩이를 버리고
저 들녘의 물처럼 흐를 때

비로소 인생!

쉰 막걸리

쉰 고개를 넘어서고 보니
밥 한끼 때우는 일이
뭐 별일 아닌 것 같기도 하고
특별히 잘 챙겨 먹어야 될 것 같기도 한데

시간이 답을 낸 건지
술이 답을 낸 건지
언제부턴가 막걸리 한 병이
저녁밥 자리를 차지했다

저 밤하늘을 한 때기씩 쓸어 담아 지은
별밥이었으면 좋으련만
지가 무슨 별이라도 되는냥
밤하늘의 온도를 고집한다

*천지주가 일곱 병을 버렸다 쉬어서…

저녁밥 일곱 그릇을 별을 따먹듯 귀히 여기잖고
어둠 한 장 없는 맨하늘에 둔채로 방심한 탓에 그만
빛나는 맛을 낮별처럼 잃고 말았다

얼떨결에 넘은 쉰고개에서
점점 내 밥이 쉬어 가고
점점 나를 쉬어 가라한다

그래도 저녁밥은 먹어야지!

그래야 빛나는 별을 만나고, 쉰소리라도 하려면
또 견뎌야 할테니 편의점에 가야겠다
장수용 막걸리 사러.

* 천지주가: 막걸리 (전북 익산 특산품)

가을 여행

봄의 꽃처럼, 어느 가을 녘에
우루루 몰려와서 피는 꽃

한들한들 버스를 탄 낯선 풍경이
술잔마다 피우는 화무 한마당

바람이 나뭇잎에 칠할 색을 얻는
나뭇잎에 형형의 생각을 그리는

사람이 꽃이다. 가을엔!

글의 주소

흔히 성공에 대해서 쓴 글들을 보면
나름대로 성공한 사람들의
수많은 습성을 적어 놨느니

그 수많은 사람들의
각자 다른 성공한 습성들을 다 이루면
나는 나로서 성공을 거두는가?

아닐 것이다
나는 오직 나다울 때
스스로 성공을 맛볼 터

현혹되지 말아라!
글이랍시고 쓴 뭇 글쟁이들의
성공이란 말에 섣불리…

손 조심

사람들은 너도나도 마스크에 목숨을 걸고 줄을 서는데,
혼자서 텅 빈 거리를 걸으면서도
마스크로 입과 코를 봉쇄하고 걷는데, 참 할 말이 없다!
내 상식으로는 꼭 필요한 경우에만 착용하면 될
마스크를 노상, 밥상, 공상, 수상, 천상에서조차
착용하려고 안달이다.
코로나19가 오히려 그런 인간 군상을 보고 뜨아~
어리둥절할 지경이다.

뭐냐면,
가능하면 사람들 모이는 곳을 피하면 되고
또 가능하면 모임이나 행사를 미루거나
취소함은 물론이거니와 참석하지 않으면 되고
모든 상황마다 스스로 조심하면 또 되고
부득이 꼭 필요한 경우를 위해서
마스크를 준비하고 지참했다가 그때만 쓰면 더욱 되고
더는 열거 안 해도 생각해 보면 뻔한 일이 당연히 되고
자, 이제 진짜로 중요한 것은 손!
이런 상황에선 마스크보다 손 소독제가
품귀현상을 빚는 것이 당연한 일인데 웬걸!
약국에 가면 손 소독제는 그저 하품만 하고 있으니

입으로 말하고 코로 숨을 쉬는 것만큼이나
온종일 바쁜 손을 수시로 씻고 소독하는 일이
얼마나 중요한 일인지 간과하고 있다는 사실!
모든 바이러스는 내 손을 통해서 감염될 확률이 더 많다는 걸
아시는지, 긍까 마스크는 필요할 때만 착용하고
당장 약국에 가서 손 소독제 하나씩 구입해서
가방이나 핸드백에 갖고 다니면서 수시로 손을 소독하시길
마스크는 가방에 갖고 다니며 필요시 사용할 수 있지만
꼭지 달린 수돗물은 갖고 다닐 수가 없잖아!
이제 아실랑가?
손 소독제 하나씩 수도꼭지 대신 갖고 다니면서
육해공도 시도때도 읍면리도 가리지 말고
수시로 소독하는 버릇

왜냐면
저 하늘에서 주룩주룩 퍼붓는 소나기처럼
펑펑 쏟아지는 하얀 눈처럼
느닷없이 마스크가 쏟아질 리 없으니까
니탓입네! 그만하고
마스크를 꼭 필요한 사람들이
꼭 필요하게 쓸 수 있도록 이참에
위기를 맞은 김에 훌쩍 커보는 기회로 바꿔보잔 얘기!

윤슬

고소한 가을 전어의 비늘을 벗기는
그대, 가을 바다의 남자여!

술 한 상 크게 차렸거든
친구들 모두 불러서 그대처럼
가을남자로 치장해 주어라

비린 칼날을 정갈하게 닦아서
저 물비늘 반짝이는 물 한폭 고이 뜬 다음에

그 물껍질로 가을 옷을 지어 입혀
메마른 낙엽길에 촉촉한 감성으로 걷게 하여

떠나는 사람마다
다시 모여들게 하고
다시 올 언약의 길이 되게 하여라

나그네의 발길을 붙드는
그대, 가을 바다의 남자여!

* 고향의 가을 바다와 친구들의 안녕을 빌며…

동반자

그 무엇을 얻어도
삶은
외로움을 견뎌내야 하는 과정

그 무엇이 무엇이든
삶은
또 외로움을 만나야 하는 과정

사색

바람은 불던 대로 불 뿐
눈물은 늘 구름의 몫

바람이 제멋대로 불기만 하는 동안
땅을 적시고, 새 생명을 잉태하고
가꾸는 구름의 상처

오늘 부는 바람결에 상처받는 구름 같은 사람이여!
삶의 귀한 아침은
매일 그대로 인해 이슬로 맺히나니

보라!
저 찬란한 아침의 빛으로 맑힌
영롱한 세상은 누구의 작품인가를

그대가 흘린 눈물로
고여 썩던 웅덩이마다 맑은 물이 흐르고
반성을 모르는 바람은
여전히 그 힘으로 불고 있나니

슬퍼 말아라, 구름 같은 그대여!
세상은 오래오래 그렇게 흘러서 오늘에 이르렀나니

거리엔 어느새
또 고인 웅덩이를 다시 흐르게 할
구린 세상의 약이 되는
은행 떨어지는 소리가 똥똥똥

가을이다!

아내에게

사내들은 죽을 때까지
여자가 필요해

어릴 적에 늘 옆에 계셨던 엄마 같은
아내라는 이름의 엄마가 일생동안 필요해

사내들은 아무리 잘났어도
여자의 아들밖에 안돼

고맙습니다 엄마!

열정 후에

가을은 참 아름다운데
자고 일어나 보면 참 쓸쓸해!

그늘 밑에서 맞는 서늘한 바람이 더욱 그래
그치?

손에 쥐었던 것들이
가슴에 품었던 것들이
빠져 나가는 것 같기도 하고
눈길이 자꾸 먼 하늘가에 머물기도 하고…

부부의 삶

뭇 사람들에게
당신은 당신대로
보송보송 포근한 솜
나는 나대로
순조로이 흐르는 물

당신은 물에 빠져
보송보송 포근한 당신을 잃을까 봐
나는 솜에 갇혀
순조로운 흐름을 잃을까 봐

당신은 당신대로 물을 찌르는
나는 나대로 솜을 찌르는
뾰족한 가시 하나 품고 살았었네

살다가
살다가
살다가…

서로를 찌르려던 가시에게
스스로 찔리고서야 비로소
아! 그렇구나!

내가 다시 흘러
당신 속으로 스며들어
당신을 적시다 보면
당신이 다시 포근히
나를 품어 나를 껴안다 보면

당신과 나는 다시 묵직한 사랑으로
아이들 소리 해맑은 길을
마저 걸을 수 있으리
영원히 함께!

나부
별에 먼지가 쌓였나 보다

보이는 눈에
하늘이 참 맛나다

참 맛남을 만남

보이는 눈에 하늘이 참 맛나다

스치는 살결에 바람이 참 맛나다

감기는 바퀴에 땅이 참 맛나다

담기는 렌즈에 노을이 참 맛나다

한여름을 달려 온
넉넉한 풍경에 참 잘 어울리는
잠시 쉬어가는 자전거가 그리는

가을 풍경!

고향

내 시는
얼어붙은 골짜기에서
오도 가도 못하는 시였으면 좋겠다

내 시는
땅 속에서 숨소리를 둥둥
저 하늘까지 울렸으면 좋겠다

내 시는
그늘 아래까지 땀을 쏟아붓는
소나기였으면 좋겠다

내 시는
잘 익은 해를 품고
얼어붙은 골짜기로 갔으면 좋겠다

다시 오도 가도 못하고
거기서 아늑했으면 좋겠다
내 시는…

가슴의 강으로 가는 배

언제부턴가 풍요가 넘쳐흐르기 시작했지!

급기야 사방 천지에 차고 넘쳐흐르는 그 풍요를 그만,
틀어막느라 목숨을 걸기 시작했지!

그럼에도 불구하고 가슴은 도대체 뭔지,
살이 찌질 않는다는 거지!

자! 온몸이 다 차고 넘쳐흐르는 이 마당에서 이제는
드디어 이제는
가슴에 살 좀 찌워보자

배가 불러서
갈 길을 망각한 배를 저어서
이젠 가슴으로 저어가자

지겹다!
이미 부른 배는 그만 두들기고
가슴 좀 두드려 보자
이젠 참 가슴으로 만나야 할 때.

들꽃의 향기

나비는 차라리
들꽃과 이야기를 나누겠지!

시인이 들꽃을 외면하고
정형화된 온실의 화초를 그리는 세상이면

나비는 짓밟히는 들꽃과
차라리 이야기를 나누겠지!

방학숙제로 갇힌, 채집된 나비는
자유로운 나비의 이야기 상대가 아니겠지!

나비는 그 어떤 상황에서도
자유로이 날기를 원할거야!

아마도…

노을 녘

바람이 마실 가고
덩달아 구름은 따라가고
언감생심 비는 더더욱 없는지라
본의 아니게 온종일 드러낸 땡볕

민망하여라!

두 바퀴로 퇴근길 행주나루 노을 녘에 닿았네
하루 중에 가장 경건한 주님의 시간
반성하는 해님의 붉어진 얼굴을 위하여 건배

딱! 술시네
오천 원짜리 메밀전병 한 큰 접시에
삼천 원짜리 곡차 한 병이면
만원보다 더 큰 행복!

민망하여라!

노을 벽에 비스듬히 기대어 놓은
노을 결에 묻어가는
반성의 얼굴 하나 붉어진…

땅의 진리

[하늘에 거하는 모든 진리는
땅에 뿌리를 두고 있다
땅에서 자란 진리가 하늘을 이루는 것이다 -별청소부]

이 세상에 잠시 머무는 동안
인간이 발 붙일 곳은 오직 땅일진대

자신의 이름으로 땅을 더럽히는 자는
결코 그 영혼이 하늘에 닿지 못하리.

노을과 순대국

고요를 소스라치게 한 건 내가 아녔어
고요를 틈타 자는 바람을 깨운 건 내가 아녔어
몰래 낯 붉히며 내밀던
해 얼굴을 본 것도 내 탓이 아녔어
나는 다만 자다말고 일어나서
일하러 가던 길였어
나는 다만 자전거 페달을 힘차게 밟았을 뿐였어

왜냐면 붕붕
나를 기다리는 수많은 사람들께
그 저마다의 사연들을
새벽 첫 출발이 얼마만큼 소중하고 대단한지를

굳이 말 안 해도 다 아는 사람들께
내 작은 여유가
설령 그 어떤 마음보다
더 큰 탓으로 인해서
그 작은 하루들을
조금이나마 망가뜨리면 안되니까
밟았을 뿐였어

난 그냥 그랬어
나머지는 두 바퀴가 저지른 거였어

일 마치고 두 바퀴 굴려서
노을 녘에 닿으니 술시인지라
순대국에 곡차

이것 저것
비싸고 몸에 좋다는 것 다 먹어봐도
순대국만큼 배부르고
행복해지는 건 없는 것 같더라니까?

자화상

교활한 자들은
진심을 두드리는 것이 아니라
대다수의 방심을 교묘히 파고든다

그대여!
방심하고 있는가
나와는 상관없는 저들만의 얘긴가?

그렇다면

혹여, 그대는 아닐지라도
그대의 자식들에게 물려주는
바보 같은 조상의 모습이라네.

침묵의 이유

이렇게 무더운데 바람 한 점 없다

날개들아!
모두 나와서 춤을 추거라

바람 없는 날에
부디 네 날개를 맘껏 펼치고
시원한 바람을 불거라

바람부는 날에
괜히 바람인 척 날갯짓 말고!

부부의 자리

아버지는 하늘보다 높을까?
하늘(天) 위에 점 하나 찍으면 아비(夫)
그렇게 아버지를 공경하란 것이겠지?
그럼 어머니는?

이건 내 생각인데!
엄마는 하늘이다
아이들에게서 아빠가 사라지면
울타리를 잃는 것이지만
엄마를 잃는 것은 하늘이 무너지는 것이다

고로 아버지와 어머니가 서로 공경하며 사랑하는 것이
아이들에게 주는 최고의 선물인 것!

계절이 가을 문턱을 넘었어요
매미소리도 풀벌레 소리도
자꾸 쓸쓸~ 쓸쓸~ 들리기 시작하고
바람이 갈잎 베는 소리도 서걱~ 서걱~ 들리겠지요
사랑이 약이지요
사랑을 떠나서 약을 구하는 건 바보짓이겠지요?

아내여! 그대는 남편을 섬기고
남편이여! 그대는 아내를 섬기라
그 속에서 아이들은
저절로 훌륭한 아버지와
훌륭한 어머니로 자라날테니!

우주는 흐름

지금부터 지구를 한 바퀴 돌아볼까 해!
막걸리나 너댓병 배낭에 짊어지고
일단은 생김새를 볼거야
우리나라에서 출발해 볼까?
동서남북 어느 쪽으로 가든지 그 건 자유야
난 일단 육로를 선택했어
중국으로 가서 그들을 봐봐
아주 쬐끔 미세하게 달라, 우리랑
중국을 벗어나서 갈수록 사람들이 시나브로
시나브로 달라져!
얼굴도 몸도 색깔도 눈빛도
그게 뭔지 알아?
지구는 빙~ 한 바퀴, 하루를 굴러가면서
그 어느 것 하나 소홀히 다루지 않고,
빼놓지 않고 기록한다는 거야! 둥글둥글.
이번엔 말을 걸어 볼까?
대한민국 표준어, 서울에서 출발해서
일단 더운 여름이니까
저 제주 앞바다에 풍덩~ 더위를 씻기까지
왔슈? 왔는가라오! 아따 와부렀소?
감수광 혼조 옵서예, 이제나 오실까, 저제나 오실까!

까아~ 까아~ 애타는 뭍의 그리움을 파도가 싣고 갔겠지?
저 일보니노 섬까지.
조서니노 어르시니노 와쓰무니까!
일보니노 다나까 사시미 조스무니다 소데스네!
익! 방사능이닷!
썰물로 뱃머리를 돌려서 다시, 역시나 대륙으로 걸어가보자!
첫 걸음 북한.
썅! 에미나이~ 과격해지더니
두 걸음 중국.
하! 슈파! 하! 찐땅! 짱! 화!
말이 자꾸 말을 달리다가 지쳤는지
둥글 둥글 부드러워 지기 시작하더니
결국 혀를 굴리기 시작, 봉쥬르~ 알러뷰~
덩달아서 글자도 흐름을 타고,
각을 버리고 아랍어, 영어로 유유히 흐르는데
어찌하여 외딴 섬, 일보니노는
이것도 저것도 아닌 별 희한한 말과 글자로
둥글고 아름다운 지구의 유유한 흐름을 방해하는
훼방꾼 신세인지,
쯧쯧쯧…

* 우주 흐름에 역행은 자멸의 길.

안이나 밖이나 위풍당당

너는 ㅓ 모양, 나는 ㅏ 모양의
서로 다른 신발(ㄴ)을 신고
함께 가는 것이, 너와 나.

여는 ㅕ 모양, 야는 ㅑ 모양의
서로 다른 우주(ㅇ)를 품고
함께 가는 것이, 여와 야.

그 때 비로소
ㅓ나 ㅏ나, ㅕ나 ㅑ나
함께 당당해지는 것이다.

바라건대

돈 세상이다
잘 돌아가는 세상에서
아들아! 딸아!
너는 부디 잘 돌아라
명품이란 물품으로 너를 만나다 보면
참 명품인 네 마음을 누릴 수가 없구나!

어느 날 나는 느닷없는 내 실수로
네 명품에 누를 끼치는
촌스러움을 범할까 두렵구나
아들아! 딸아!
나는 네 작고 갸륵한 마음이 점점 그립구나!

참 명품이…

고향 마늘

형수님! 마늘 한 망만 주세요

농사가 직업이고
농사가 밥벌이고
농사가 삶인 형님 내외분께
아마도 처음으로 "주세요" 한 것 같다

작년에 거저 내주신 마늘 한 망을
혼자서 거의 다 구워 먹었는데
난 아직도 사람이 덜 됐다

사람이 되고 싶어요
마늘 한 망만 주세요.

장수만세 長壽晩歲

너 지금 뭐 하냐?
뭐라고?
모든 걸 참고 견디며
미래를 기다린다고?

그러니까, 이 나이에 드디어
세상의 순수를 찾았고

그러니까
오래 살고 싶어진 거지?

그런데 말이지
넌 지금 아무것도 하지 않잖아!

네가 기다리는 오래 될 시간
그땐 뭘 할 건데?

* 長壽晩歲: 장수만세의 오류를 범합니다.

바람의 질주

한여름 밤의 고요를 가르는 바람

평온한 땅을 감아올리는 바람 앞에서
아직 시간이 남은 하루살이가
느닷없는 즉사에 어처구니가 없을 테고
좀 더 큰 삶을 이루던 존재들의
어이없는 부딪침이 크다

간혹 공룡이 부딪혔을까?
그 충격으로
나는 드디어 저 머나먼 밤하늘로 날아가고 만다

이 별과 저 별 사이를 힘껏 달리다 보면
아! 나는 드디어 사라졌노라
이 땅에서 드디어 사라졌노라
무한의 시간 속을 달리다가
이대로 그 시간 속에 묻혔노라

그러다가 문득
아까 마신 막걸리로 오줌이 급하면

우주 한가운데 아무 곳에나
끼익~ 브레이크를 밟고
오줌발로 서 있다가

어둡다 바람아
집에 가자, 어서 가자
남은 바퀴를 감아라, 어서 감아라
후다다다닥…

밤꽃

늘어진 사내 녀석들처럼
엎어지고 비틀리고 널브러진 군상

한때 진한 사랑으로 바람의 코를 찌르고
구름의 영역을 제 땅인 양 타고 놀았었지!

모든 꽃이 아름답게 필 때
홀로 용감하게 피는 꽃이었지
나비 떼 한 무리가
너울거리는 바다를 건너갔을까?

오호라! 저기 수평선이 서녘 하늘에
한 때의 열정을 싹둑 베어내고
잘 익은 노을 한 폭 걸어뒀구나!

가자, 용감한 밤의 꽃들아!
이 외진 산길에 엎어져서
뭇 발길에 밟힌
뜨거운 햇빛에 타죽은 지렁이 같은 몰골로
진한 사랑의 향기가 말라 비틀리게 두지 말고

가자, 한때의 사내 녀석들아!
영원으로 이어질 생명의 언약
너의 그 체취를 간직할 사랑의 품으로

알 수 없는 어둠 속에서
알 수 없는 밝음을 향해 피는 꽃이
진정 사랑이려니!

5부
별청소하러 가야겠다

나는 나대로 늘 걷던 길이
새로운 길이 되고

안녕하셨어요?

사람이 사는 세상은 늘 그랬지!
예나 지금이나

가뭄에 단비 같은 사람이 있었고
매일 뜨는 해님 같은 사람이 있었지

사람들은 해 그늘 아래서 일생을 살면서도
비의 그리움을
더 큰 사랑으로 간혹 키우기도 했었지!

비가 되거나 비를 기다리거나
바람이 되거나 바람을 기다리거나

매일 뜨는 해 아래서…

저축

강이 하늘에 티끌을 모아
구름으로 쌓아 뒀다가

갈증이 나면
흰 쌀 같은 알곡으로 거둬들이네

투명하게 하늘에 쌓아 놓고
찬란한 햇빛을 기다리는

참 속 깊은 강!

주목

비록 잎과 가지를 부는 바람에 다 잃고
단 한 평의 그늘도
단 한 줄의 바람도 외면하는
보잘것없는 삶일지라도
결코 포기할 수 없는 사랑을 믿기에 버티는 것이리라

저리 완고한 사랑을
모든 시간 중에 어느 한 시간은
모든 인간 중에 어느 한 인간처럼
분명히 기록하고 있으리라, 정확히!

네 사랑이 그래야겠지!
그래야 깊은 사랑이겠지!
다시 주목하라! 사랑을
다시 주목하라! 삶을

뿌리가 다진 고뇌와 깊이로
네 사랑의 땅에서
다시 천년을 살아라!
뿌리 깊은 사랑으로…

술시

일생의 시간 중에
이토록 맛있는 시간이 있다는 건
참 유쾌한 일

일상의 출근과 퇴근 사이에
온종일 하늘을 구르던 해가 잠시
벌겋게 부은 바퀴를 식히는 사이에
교묘히 빼먹는 시간의 맛!

이 맛이 있기에
나 여기까지 살아와서
시간에도 맛이 있음을 아노라!

황금보다 귀하고
너 없이도 행복하고
다음 세상에서도 꼭 찾아서 누리고 싶은

가장 맛난 삶의 시간.

낡은 시간

새 차를 사서
18년을 타다가 폐차를 하고
묵은 중고차를 맞아서 다시 또
내년이면 18년을 채우는데
낡을수록 편하더라는 거지!

늘 새 차가 부럽긴 하지만
내년쯤에 또 새 차를 타면 그만이겠지만

내 곁에서 오래된 당신

친구들과 떠난 보름간의 여행길에서
새로운 길을 걷고
새로운 하늘, 바람, 구름, 생각이
가득 채워지겠지!

당신이 없는 동안
나는 나대로 늘 걷던 길이 새로운 길이 되고
새로운 하늘, 바람, 구름, 생각이
가득 채워지더라는 거지!

당신이 그 길에서
아무렇지 않은 동안
나도 이 길에서
아무렇지 않더라는 거지!

이제 우리의 시간은 충분히 낡았고
헌 차에 새겨지는 상처가 아무렇지 않듯
그렇게 퇴색의 꽃이었더라!

한때의 열정으로 피었던 사랑은…

별과 그대의 거리

별을 눈에 담듯이
그대를 가슴에 담았습니다
그대와 별의 거리가
같아졌습니다

아무리 멀리 계셔도
그대와 별은 이제 가깝습니다
별이 그대이시고
그대가 별이시니까요

별을 볼 때마다
어둔 밤에도 환히 그대를 봅니다
그대를 볼 때마다
밝은 낮에도 빛나는 별을 봅니다

사랑의 길이
가깝고 평온한 거리로
영원까지 이어졌습니다
제 눈과 가슴에서…

균형

네가 몇 사람과 여행을 떠나고
내가 몇 사람과 일을 하는 동안
세상은 기울지 않았어

여전히 이 땅이
세모거나 네모로 덜컹거리지 않고
잘 둥근 이유는

떠나는 너를
일하는 나를

서로 읽을 줄 아는
그 마음 때문일 거야!

애로

어린 신들의 마을에서 태어난 나는
늘 잔잔하던 마음 바다에
한 번도 본 적 없는 거센 파도가
밀려오고 밀려가던 어느 날엔가

꽃밭에서 아름다운 꽃 한 송이를 발견하고
넋을 잃고 말았네
보면 볼수록 더 보고 싶어지는 꽃!

그런 내게 신 중의 신께서 말한 대로
강당에서 춤으로, 운동장에서 달리기로
누구보다 강한 열정을 태워 그 꽃을 꺾었네

어화둥둥~ 그렇구나
그 사이 시간이 낡았구나!
미술관에서 이젠 그 꽃을 보고 있네
박제된 풍경과 나란히 걸린
그림 꽃만 보고 있네

시간이 더 있을까?

더 있거든 아마도
박물관에 가서 유물을 보듯
그 꽃을 보면 되겠구나!

그렇게 네 얼굴을 보면 되겠구나
늙은 신들의 마을로 가는
사랑의 길에서...

첫눈

신은 어쩌면 인간에게
호흡보다 더 앞선
생각보다 더 앞선
가장 먼저 보는 능력을 준 것은
보는 순간 곱씹지 않아도
첫눈에 사랑을 알게 하려 했음일지니

맨 첫 세상이
순수, 그 자체임을 알게 하려는
간절한 사랑의 마음이었으리라
사랑, 그 건
몇 숨을 고른 뒤가 아니라
몇 생각을 거친 뒤가 아니라
첫눈에 담을

신이 내려준
일생의 양식이기 때문이리라
사랑, 그 후에
나머지 모든 것의 의미를 두었으리라
초심! 사람의 마음에서
일생을 함께 살다 가는 진주 한 알.

오월

땅엔 초목이 무성하고
하늘엔 구름이 무성하네

덩달아 바람이 무성한 까닭일까
친구들의 말씀도 무성하네

잘 자라는 계절
무럭무럭 자라야지, 암!

삶이 어제보다 더 자라는 방법은
너도나도 다른 모습으로

마음껏 드러내고
마음껏 표현하는 것이겠지

푸른 이유겠지!

이심전심 회귀본능

강원도 산골짝에서 태어난 연어가
고향을 떠나서, 멀리는 캄차카 반도까지 여행을 하다가
알(2세)을 품고서야 고향으로 돌아오지 않는가!

우리들 인간도 각자 멀리, 혹은 더 멀리 마음껏 살다가
2세의 삶을 짓는 과정에서
절실하게 고향 친구들이 그립지 않던가!

그 만큼 넓고, 많은 세상을 봤을테니
그만큼 넓고, 많은 아량을 배웠을 터
그 배움과 깨우침을 풀어 놓으면 되리라

고향을 지키던 친구도
멀리 떠나간 친구도
서로 그립긴 마찬가지고
서로 찾지 못함도 마찬가지

고향이 그리운 회귀본능은
멀거나 가깝거나
다 그 삶 속에

이심전심으로 충분히 스몄으리라

금의환향이든, 쪽박 신세든
자신의 고향은
형편대로 꾸밈없는 진심으로 돌아갈 때
비로소 온전한 어린날의 고향이리라!

네가 나를 그린 것보다
내가 너를 그린 그리움이
훨씬 컷다고
술 한잔 먼저 권하면
회귀본능의 이심전심이
입가에, 눈가에 미소를 이루고
저 넓은 바다로 가는 여행을
우리 후손이 다시 꿈꾸리라!

잔소리나

얘야!
어버이날이라 한마디 할까 했더니
뭐 그리 바쁜지 지나가 버렸구나.

내가 자식을 지나서 부모가 되어 봤더니
삶에서 가장 큰 스승은 가난한 내 부모였더구나
일단 네가 누릴 배경을 제대로 못 깔아준 건 미안하고
말 그대로 내가 깔아주는 건
네가 누리는 것 뿐이란 걸 말하려는 거란다.

삶은 과정이고 오늘의 연속…
네가 너를 가장 잘 사는 방법은
부모의 배경을 누리는 것이 아니라
네가 필요한걸 네가 구하는 것이
가장 잘 사는 방법이란다.

많고 적음을 탓한다는 건
부모의 것을 탓하고 논하는 것이 되는 것이니
너는 가장 큰 스승, 부모의 가난을 배우거라!

너를 한 존재로 일깨우는 건,
부모의 가난보다 더 나은 스승이 없음을 명심하고
그저 부모가 쌓은 배경을 누리며 살
무사안일은 버리고 온전한 너를 살아라!

처음부터 끝까지 너 자신을 살 때
인생은 가치가 있고 의미가 있는 거란다.

짐승의 썩은 고기를 찾는 하이에나가 아니라
너를 찾다가 굶어서 얼어 죽는
표범의… 노래가사 일지라도
얘야! 너는
너를 제대로 살아볼 기회를 얻은 걸 감사히 여기거라!

네 부모의 가난이 오히려
너를 이 세상에 단단히 심는다는 걸 명심하거라!
남의 것을 누리려 말고 너 자신을 누리거라 얘야!

이정표의 기록을 열람하다

우린 아무것도 남기는 것이 없다

이름을 책에 기록하고
이름을 업적에 쌓고
이름을 값에 매겨 두지만

저 흐드러진 꽃은 알 리 없다
저 구름인들
저 바람인들 알 리 없다

간혹 사람의 마을로 가는 길에서
등대나 표지로 서 있는 자거나
조상과 자손의 이름을 더럽히는
어정쩡한 이방인일 뿐

우린 슬프거나 초라해질 이유가 없다
다 그냥 지나가는 것이다
아무 일 없었던 것처럼.

시심

마음이 분주한 날은

막걸리 한 잔이
그냥 취기뿐입니다

마음 고요 속에 깃드는
시를 뵐 수가 없습니다

들뜬 마음이 가라앉고 나면
다시 원래대로 고요히

시가 오시길 기다립니다
시인이 할 일은

오직 그뿐인가 합니다

안양천

내 언젠가 안양 유원지에 가서
그 아늑하고 여유로움에 심취해
한양이 갓을 벗고 쉬는 곳이 안양이라 하였는데

안양이 다시 갓을 쓰고 한양 가는 길
안양천 둑방에 개나리와 벚꽃이
지난봄처럼 떼 지어 몰려와서

올해는 어떻게 생긴 사람들이
무슨 표정으로
무슨 옷을 입고 지나가는지

도로를 달리는 차 중에서
어느 차가 제일 느리고
어느 차가 제일 빠른지

하늘엔 구름이 뭘 그려 놨는지
바람은 어디쯤에서 쉬었다 가는지
활짝 연 눈으로 구경하고 있네

올해도 한양은 구경거리 많다고
자전거 타고 가는 사람에게도
안양이 환한 웃음 보여주고 있네

봄은 참 신비롭다고…

타종
- 삼일절을 맞아

학교 종은 그랬었다
운동장에 "전교생 모여"
땡땡땡 땡땡...
수업 "시작" 땡땡
수업 "끝" 땡

종이 울리면,
아이들도, 운동장도, 새들도
쉿! 종 속으로 들어가는 고요

그때부터 종은
쌓아둔 20톤의 생각 무게로
감춰둔 30센티의 철벽 가슴으로
은은한 말을 시작한다

지하철을 타고 와서
소음 가득한 도심 한가운데에
종 하나 덩그런
벽 하나 없는 뻥 뚫린
텅 빈, 보신각에 드는 순간!

어인 일인가!
모든 소리가 사라지고 아득한 저 소리
그 시끄럽던 소리가 다 사라지고
만세! 만세! 만세!
대한 독립 만세!

타종하고, 임께서 부르던 만세!를
두 손으로 듣고 두 귀로 듣던 함성을
소라 껍데기 속 파도 소리로 대어 보고
외람된 가슴을 갈망에 담은 뒤에서야

아! 좋은 사랑이었어!

우리 민족이 이루고 이룰
영원한 사랑의 소리를 담고
저리 묵묵히 기다렸던 거야

기다리지 않고
내가 너에게 가서
비로소 사랑을 깨닫는 현자처럼!

* 보신각종: 무게 20톤, 두께 30센티

6부
쿵쿵

산다는 것은
깊은 밤에 홀로
밤하늘과 눈 맞추고

가발의 진실

생의 오훗길을 걷다가
막걸리 한 잔에 텁텁한 노을을 띄우고
잃어버린 제 모습을 찾았습니다

시간이 제게 씌워 놓았던
왜곡된 모습을 벗고
그 가식의 가발을 벗고
진실을 찾았습니다
사람들은 생긴 대로가 진실이라고 말하지만
전 시간에 속았습니다
그 진실을 인제야 찾았습니다

어때요?
시간에 속았던 가발을 벗고
제 진실을 쓴 모습이...
진실을 진실답게 읽을 줄 아는
늘 그런 세상이었으면 좋겠습니다.

* 딸 결혼식을 앞두고
  차츰 제 진실에 익숙해지려고 다듬고 있습니다.

밤하늘

산다는 것은
깊은 밤에 홀로
밤하늘과 눈 맞추고

별이 들려주는 말을
고요히 들어보는 것이었더라

내 입을 닫고…

수감생활

팔팔한 팔월의 휴일에 감옥살이를 했지요

땀 몇 방울, 바람 몇 줄 버무린
햇살 무늬로 팽팽한 두 바퀴를
구름 한 장에 싣고 두둥
허공에 마음을 두어 둘까 했는데
빗살무늬 창살에 갇히고 말았습니다

억울합니다

구름 대신 찌그러진 막걸리가 빈대떡 한 장 깔고 앉아서
휘둥둥~ 그 마음을 다 흐려놓고 말았습니다

그렇다고 생각이 갇힌 건 아니니
오히려 생각은 더 날개를 펼 시간이 있었으니

이런 감옥살이는 가끔 좋을 듯 싶어서
억울할 일이 없기로 작심을 했지요.

동해햇집

아이야! 해를 뜨거라
설날이구나
울 오매 울 아부지 지친 눈을 밝히고
울 오매 울 아부지 빠진 목을 받치고
울 오매 울 아부지 흘린 그리움 담아

아이야! 해를 뜨거라
제일 큰 해를
제일 큰 하늘에 뜨거라
저 하늘이 온통, 아이야!
네가 뜬 해로 가득 차게끔 해를 뜨거라

하늘 한 접시 가득 뜬 해를
아이야! 세배의 경배로 드리자꾸나
이 땅에 기침 쿨럭~ 다녀가시는 하늘님
울 오매 울 아부지께

아이야! 해를 뜨거라
그 어느 때보다
따습고 따습고 따습고 따습고 따습게!

고요한 밤 거룩한 우정

오늘 밤
저 밖에 정박한 바다는 한없이 고요한데
여기 우리 안에 출항한 우정은
거세게 일렁이는 파도

이정표, 별 하나 찍어놓고 모여든
아이들 코흘리개 아이들
지천명을 넘고서야 비로소
제대로 된 아이들이 제대로 떠드는 소리

그 소리가,
저 아래 해가 잠든 수평선 밑
맨 처음의 고향에서 숨죽여 끓는 이유는

아침에 솟아오를 해에게
수평선 너머로 저어갈 뱃고동에게
기운찬 행복의 항해를
따뜻한 봄바람의 속삭임으로
전해주기 위함이라

격동 27 친구들이여!
더도 말고 덜도 말고
딱 이만큼만 행복하게 살자.

남은 시간 동안…

* 2019년 2월 23일 격동 27회 동창회에 드림

삶의 미세학설

귀한 옷에 묻은 먼지를 털다 보니
아! 이런
먼지가 해를 묻어버렸네
먼지가 어둠을 묻어버렸네

먼지가 점에 묻고
먼지가 선에 묻고
먼지가 면에 묻고
먼지가 시공을 초월하여
차원의 모든 경계를 점령하네

폐쇄된 방에 코와 입을 두고
검색창을 통과한 사람들이
사막을 눈으로 걸어 다니네
사람들의 눈이 먼지 사막에 푹푹 빠지네

두 눈이 푹푹 빠지는 먼지 사막에서
두 발바닥 위에
커다란 지구를 올려놓은 사람들이
먼지 무덤으로 지구를 굴리어 가네

세상으로 가는 유일한 창에
먼지 사막을 걷느라
빨개진 눈들이 득실득실 붙어있네
검색창에 바람의 주소를 찍어놓고…

채널 [잔소리 방송]

대부분 티비 시청하는 거 보면
젊은이는 오락이나 연예 위주고
늙은이는 뉴스, 시사, 정보, 다큐.

남들이 다 오른쪽으로 갈 때
낙오될까 휩쓸리는 것보다
왼쪽으로 가서
그 누구도 보지 못한 것을 보는 자가
인생에서 전문가

맹목적인 어떤 흐름이나 유행만을 쫓다보면 나는 없고
결국엔 그 상표만 살리는 허무한 지경에 이르러
나를 찾으려는 조바심에 다시 유행을 쫓아가는
그런 반복으로 인생을 낭비하지 않는 자가 현명한 자!

[젊은 자산, 혈기]
[늙은 자산, 현명]

군중 속에서도 자신을 잃지 않는 현자의 이정표!
모든 길에 서 있는…

* 부제: 귀로(貴老)

품위는 길바닥에 있다

제 불찰로
상처를 입으셨군요

죄송합니다
치료하세요

당신의 뜻대로
당신을 치료하세요

제가 해드릴까요
당신께서 하실래요

아? 네
제가 하겠습니다

상처도 아름다운 인연의 조건입니다
당신께서 품기만 하면…

시간의 처소

좀 더 오래 바라보고
좀 더 오래 느끼고
좀 더 오래 생각하고
좀 더 오래 머물면
우리에겐 시간이 참 많을 텐데…

그런 다음에
그 많은 시간이 이미 내린 결론의 길을 걸으며
조금만 행동하면 우린 참 풍요로울 텐데…

시간 부자가 되면
모든 사랑이 아름답고
인생은 저절로 부자일 텐데
사람들은 어찌 느림을 나무라기만 하는가!

왜 그리 느리냐고
뭘 그리 오래 생각하냐고
뭘 그리 질질 끄냐고
속 터져 죽겠다고

느림을 한심하다고 못 박은 당신은
부처의 미소가 역겹겠다

한 자리에 주저앉아
일생을 생각만 하고서도
삶을 완성한
저 한심한 부처의 깨달음이…

하나도 셀 줄 모르는 모든 생명체 앞에서
오직 인간만이 왜
초를 분분히 다퉈 시간을 허비하는지!

밥그릇

구덩이를 파 놓은 사람
산을 쌓아 놓은 사람

구덩이를 메우느라
산이 무너질세라
애쓰는 건 마찬가지
다만, 구덩이가 그리는 건 평지
산이 그리는 건 더 산

어쩌면
잃을 것 없는 구덩이가
잃을 것 많은 산보다는
마음은 더 부자 아닐까?
걱정은 덜 하지 않을까?
산보다는 구덩이가
잃을 걱정 하나 정도는 더 없으니까

지금은 하나
하루도 하나
하나뿐인 오늘

그 오늘에 구덩이는 채울 걱정 하나
산은 무너질 걱정에 더 쌓을 걱정 둘
빚진 자여 걱정하지 마시게
갚으면 후련 하다네
쌓은 자여 걱정하시게
잃으면 억울하다네

구덩이와 산이 메워지고 무너져서
평평한 들판이 되면
드디어 평화가 찾아왔기에
구덩이는 춤을 추는데
오히려 산이 분하고 억울해한다네

빚진 자나 쌓은 자나 애쓰는 하루라네
잃을 것 없는 텅 빈 속이나
잃을 것 많은 꽉 찬 속이나
인생은 한 그릇뿐이라네
구덩이든 산이든
걱정 덜 담는 오늘 한 그릇이
맛있는 인생 한 그릇이라네.

다람쥐와 고슴도치섬(위도)

다람쥐야!
일상을 떠나 섬이 되고 싶거든
바퀴를 벗어 땅에 두고 배를 신고
둥근 바다 위를 걸어가 봐
얼마 후면 떨어져 나가 앉게 돼! 섬처럼
고슴도치는 섬이 되려고 몸을 둥글게 웅크린 거야!

간섭을 거부하는 외로운 동그라미!
바다에서 바다를 보면 바다가 그래
동그라미가 외롭다는 걸 알게 돼
네 쳇바퀴도 동그라미잖니!

수평선에 눈을 대고 주욱 그으면
네가 그려본 중 가장 큰 동그라미가 그려질거야!
섬에 도착하거든 해지기 전에
고슴도치 자궁으로 해를 찾아가
고슴도치 자궁으로 흘러 들어온 바다는
엄마의 바다처럼 고요하고 평온해

거기 붉은 해가 부은 발을 담그고 있는 동안

고운 모래밭에서 조개껍질을 찾아
하늘 높이 던져봐 하나 둘 별이 피어날거야

어때! 이만하면 네 일상보다 외롭지 않지?
다람쥐야! 네가 돌릴 수 있는 건 일상이지 섬은 아니야
섬은 돌아보는 거야 꼭!
버스를 타고 한 바퀴 빙~돌아보는 거야!

그럼, 위도와 제주도를 바꿀 수 없는 이유를 알게 돼
다람쥐야! 나는 위도에 다녀와서 섬이 되는 법을 알게 됐어
아무 때고 두 무릎 위에 턱을 얹고
몸을 둥글게 말기만 하면 돼!
고슴도치처럼!

* 광석이가 보내준 위도 사진에 몇 년 전 친구들과 위도에 갔을 때 느낌을 적어놨던 게 생각나서 뒤적여 올림

그리운 하늘

바람이 좋다
바람 쐬러 가자

햇볕이 좋다
햇볕 쬐러 가자

사람이 좋다
사람 보러 가자

바람이 그립고
햇빛이 그립고
사람이 그립다

우린 부딪히며 깔깔깔 춤췄고
우린 부딪히며 쨍쨍쨍 웃었고
우린 부딪히며 사랑을 키웠다

그리운 시절엔
마음으로 마음껏
혹독하게 그리워 하자

바람도
햇빛도
사람도

잠시 두어 둔채
그리움만 그리는 시절에
구름 몇 점 그려진 하늘

그립다! 네가…

*사회적 거리(코로나19)

낙관과 비관

흔히 말하길 좋은 게 좋은 거라고
부정은 색안경의 대상이고
긍정이 무조건적인 흠모의 대상이라고
그것이 나를 위해 좋은 것은 맞아!
걍 넌 그러거나 말거나
걍 난 내 세상 홀가분히 살게, 백번 맞아!

근데 백 한 번 부터는 내 세상이 아니고
내 새끼들 세상일거야, 아마도
내 새끼들도 걍 나처럼 좋은 게 좋은 거
그리 이어서 유지되면 좋으련만!
어쩐다냐?
느닷없이 생뚱맞게
코로나 바이러스가 아니라고 해버리는데

각설하고,
잘 되겠지! 잘 될거야!
니가 만약 낙관론자면
혹시 방관론자가 아닌지 확인해 보길
비관도 낙관 못잖게
희망의 요소라는 걸 아시길

뭐냐면, 요즘 같은 위기 상황에서
낙관적인 생각만으로
내겐 닥치지 않을
그냥 남들 얘깃거리로
낙관적인 그림만 그리다가
방관으로 일관하다가
막상 그 위기가 내게 닥치면, 그땐

긍까, 미래를
비관적으로 걱정하고 현실을 꼼꼼히 챙긴 자와
낙관적으로 방심하고 현실을 외면한 자 사이에서
위기가 적나라히 할퀴고 간 다음 날에
과연 희망의 꽃이 어디서 더 먼저 필까?
비관이 어쩌면 위기 상황에서는
더 현실적이고 알맞은 대처법이 될 수도 있다는 사실

이거 어떡하지?
큰일났네? 참으로 걱정이다
그 비관의 걱정 속에 미래의 희망은
더 파릇파릇 싹을 돋우려고 애쓴다는 거!

남해 기행

남해대교를 건너는 남해군은 섬인데 다리 길이가
옛날에 도청(전북 부안군 변산면 소재 마을 이름)
울 집에서 독다말(도청 마을의 한 장소) 올라가는
다리(약 5미터쯤의 길이)보다 쪼끔 길고(지금은 없어진)
그래서, 섬이란 느낌이 전혀 안 들어
더군다나 호수처럼 잔잔하고 쪼끄만 섬들이
여기저기 떠 있어서…

오늘 올라간 보리암은 해발 705m,
결코 낮은 산이 아닌데 오르는 길은 너무 수월해!
정상 1킬로 전까지 셔틀버스(요금 1.250원)
네 다섯 대가 운행하고 자가용으로도 오를 수 있어
(그곳 주차장이 만차일 때 셔틀버스 이용)

그리고 나머지 1킬로는 거의 동네 야산 수준이라서
슬리퍼에 잠옷 차림으로도 가능해
(오늘 나도 샌들 신고 갔어)

정상에 가면 시원한 대숲 바람도 있고
어느 계곡에 든 것처럼 서늘한 바람이 참 기분 좋고

저 아래 펼쳐진 바다에 드문드문 떠 있는
작은 섬들과 바다 주변에 자리한
마을의 풍경이 참 아름다워!
보리암은 우리나라 관세음보살 3대 성지 중 한 곳이고
고려 태조 이성계가 여기서 술 한잔에 어쩌고저쩌고…
다시 버스 타고 내려와서 상주 해수욕장에 가면
모래(은모래)가 곱고 아담하고 솔밭도 좋고!

멸치회 무침이 썩 괜찮아, 멸치 쌈밥도 그런대로.
다 먹고 계산하고 보니까
멍게 비빔밥이 있길래 다시 주문하고
거따가 소주 한 병 더 마셨는데
그 맛이 성게알 비빔밥과 거의 흡사해서
이미 배부른 뒤에 먹어도 맛났어.

다랭이마을은, 다랭이논 알지?
그 다랭이 환경에서 일용할 양식과
사람들이 똑같은 모양새로 적응해서 사는
한 폭의 그림으로 아름다웠고,
내 생각은 남해를 우리나라 환경과 특징을 잘 살린
관광명소로 개발하면
세계적인 명소가 될 수도 있겠다는 생각.

회귀回貴

일은 밥이다
친구는 그 와중에 즐기는 보석
일상은
평생, 늘 먹는 밥상이고

친구는
잠시 맛보는 꿀맛 같은 휴식이거나
소풍 날에 제일 기쁜 보물을 찾았다거나

이 나이 먹어보니 친구는
소풍 날에 찾은
보물 같은 존재가 확실해!

소풍 가서 찾은 보물,
그보다 더
설레고 행복한 건 없었거든!

밥밖에 몰랐던 어렸을 적엔!

효자

자식이 제아무리 큰 성공을 거둔들
큰돈을 번들, 홀로 이룬 것 뿐이면
그것은 그저 텅 빈
저 혼자만의 고독한 삶

내가 너를 이 세상에 모셔놓고
다 자랄 때까지 모셨듯이
너 또한 너 다음의 인류를 모셔와서
모심으로 살 때
나는 나를 극진히 모신 내 아버지께
비로소 자식의 도리를 드릴지니…

가장 아름다운 사람의 조건은
내 아버지가 나를 모신 것처럼
내가 너를 모신 것처럼
그와 같이 네가
네 다음 사람을 극진히 모시는 일

그보다 더한 성공은 없으리
그보다 더한 존재의 가치는 결코 없으리
삶에서 그보다 더 큰 기쁨은…

푸른문학선·225

수평선 뒤로 손을 넣다

2024년 10월 25일 초판 인쇄
2024년 11월 1일 초판 발행

저 자 | 김 경 원
발행인 | 李 惠 順
편집인 | 이 은 별
주 간 | 임 재 구

발행처 | 푸른문학사
등 록 | 제 2015 – 000039
주 소 | 서울시 강북구 도봉로 313 효성인텔리안빌딩
전 화 | 02) 992 – 0333
팩 스 | 02) 992 – 0334

신 문 | 푸른문학신문(인터넷)www.kblpn.com
BAND | 푸른문학
이메일 | poet33@hanmail.net

cafe.daum.net/stargreenwood푸른문학사

ISBN 979-11-88424-97-9

값 13,000원

이 책은 저작권법에 의해 보호를 받는 저작물이므로 무단전재와 복제를 금합니다.